فواصل قلب واحد

ساندیب کومار میشرا

Title-

One Heart -Many Breaks

Author –

Sandeep Kumar Mishra

Translator-

Sherif Mohamed

Cover and other Art Work-

Sandeep Kumar Mishra

Illustration-

Hetal Mishra (Age-10)

Publisher-

Tektime

Edition-1/July 5, 2022

Index

الجوائز والتكريم

أفضل كتاب بائع أمازون

ميدالية فضية القراء المفضلة

القائمة المختصرة لجوائز الكتاب الدولية

جائزة الكتاب الهندي في القائمة المختصرة

القائمة المختصرة لجائزة تيتان للكتاب الأدبي

مهرجان نيويورك للكتاب في القائمة المختصرة

العنوان-

قلب واحد - عدة فواصل

المؤلف -

سانديب كومار ميشرا

الغلاف والأعمال الفنية الأخرى-

سانديب كومار ميشرا

الرسومات-

هتال ميشرا (العمر -10)

الناشر-

روكيش ك.شارما لمطبعة الشعر الهندي

الطابع والناشر

مطبعة الشعر الهندي

أكاديمية كيشلايا أوتسايدر للفنون

طريق المحطة ، سوجانجاره331507-

شورو (راجستان) الهند
الطبعة 15/1 مايو 2022

حول مجموعة الشعر

شيء واحد مؤكد في هذه الحياة هو أننا جميعًا سنصاب بخيبة أمل بطريقة ما في مرحلة ما. عندما نقرأ أو نرى شخصًا له نفس المصير ، نشعر بالتعاطف أو نحاول أن نجد العزاء في القراءة أو الحديث عنه. الشيء نفسه ينطبق مع هذه المجموعة. تتراوح القصائد في الموضوع. معظمها انعكاسات شعرية للعواطف الشخصية والمواقف التي وضع فيها. تغطي القصائد 20 عامًا من أحداث الحياة وتعبر عن مشاعر واضحة وصحيحة ومطهرة وواقع صارخ لموقفه. كما يظهرون رحلته كشاعر. تم نشر أكثر من نصف القصائد في المجموعة في مجلات مختلفة في السنوات الخمس الماضية مطبوعة أو رقمية.

تذكر

إنها يوميات قلب مكسور. بعض القصائد كتبها صبي يبلغ من العمر 18 عامًا ، وبعضها عندما كنت شابًا والباقي من قبل إنسان أكثر حكمة. لا تبحث عن لغة مثالية. هناك بعض الأخطاء الإملائية والنحوية. إنها مجرد المشاعر والمشاعر في أوقات معينة. يتم الاحتفاظ بكل الأصل

عن الشاعر

سانديب كومار ميشرا هو مؤلف كتاب " قلب واحد - عدة فواصل 2020" الأكثر مبيعًا. وهو محرر للشعر في "مرجعية الشعر الهندي". وقد حصل على "جائزة القراء المفضلة - 21" ، "جائزة الإنجازين الهندية - 21" ، "جائزة الشعر 2020 - IPR" و "جائزة تيتان للكتاب الأدبي - 2020".

تم ترشيحه لجوائز "2021 الدولية للكتاب" ، و "جائزة الألفية الجديدة الثانية والخمسين لعام 2021" ، و "الأنثولوجيا الآسيوية 2021" ، و "جائزة الكتاب الهندي لعام 2020" و "جائزة جوي بي بون للشعر 2021" و "أوبريل الشعر" جائزة 2021 ". كما حصل على جائزة "مراة القصة - مؤلف العام" لعام 2019.

معلومات اكثر -

/https://www.sandeepkumarmishra.com

البريد الإلكتروني- sandeepmishra551974@hotmail.com

إمتنان -

تم نشر بعض القصائد من قبل في هذه المجلات أو عبر الإنترنت-

جمعية الشعراء الكلاسيكيين ، الأربعاء الثالث ، استعراض بلو ماونتن ، مراجعة برازيليا ، مراجعة الأرض الحمراء ، ريدفيز ، تأملات ، مخاوف ، آنف العجل ، سوزان جورنال ، النشاف ، المعيار ، جرس السمان ، اللمسة الإنسانية ، الساحة الأدبية ، الهواء الرقيق ، توريد مجلة الأدب ، ويلارد آند مابل ، ويناموب ، يغدراسيل ، نظام حقيقي ، حساء الشعر ، التوقيع الآسيوي ، غارفيلد ليك ريفيو تشيرون ، مراجعة ، الظهيرة الباردة ، التقارب ، كورلو ، الحفر من خلال الدهون ، أسفل في الأوساخ ، مثبت ، مشروع الرجال الطيبين ، مجلة Poetry Nook، Harbinger Asylum ، مراجعة Hawaii، Helix، High Plains Register، the Black Boots & Joey ، الأيتام الأدبيون ، Marathon Literary Review ، الأدب الهائل ، مجلة ZOUCH & Miscellany ، الفن اللفظي ، London Literary Review، San Antonio Review، Scene & & هيرد (SNH) ، مطبعة جي أف تي ، بومباي جين ، ستون كوست ريفيو ، فضاء الشعر ، إنترناشونال تايمز إت ، أوراق الشعر ، خطايا الكاردينال ، إنديانا فويس جورنال ، مراجعة موسم الطين ، إنترنت الفراغ ، سالمون كريك ، دريمرز مختارات ، كل الشعر ، كندا ربع سنوي ، إطلاق الكتابة ، DJ JELAL ، Aquillrell e ، مجلة سيتو ، رامبوتان الأدبي ، بيتشين كيتش ، الشعر أثناء التنقل ، الإلهام النشط ، قرية القصيدة ، شعر قلبها ، مطبعة بورسيل ، أسبوع الخيال ، ملفات اليوميات ، كوتش شاعرية ، الكتاب والقراء ، Poem Hunter، Kitaab .Org، Poetry Sydney ، الشعر الواقعي ، Able Muse ، الشعر على الحركة ، مجلة الشعر Tipton وغيرها الكثير.

حياتي

شخصي

لقد رسمت محيطًا

معرضي

موت النهر

تجلب لي المزيد من الألم

رشفة الروح

النوم للبيع

لماذا فشلت في الانتحار؟

رسالة إلى زوجتي

عائلة

شجرة في فناء بلدي

المناظر البحرية

تمشي في القافية

خيال فلاش

ذاكرة قوس قزح

أمي

والدي

أختى

مجتمع

زيارة المستشفى

كورونا - فورونا - طرق

مدينتي

حياة المدينة

قصائد صغيرة

عندما تشتري حزنهم

رمز الذروة!

العالم

نحن العالم الثالث

هذا العمر الجوي

مسلسلات طويلة

أن تكون حديثًا

الحقيقة

الكتب

طبيعة سجية

أول موسم موسمي

حصى

يا نجوم!

الغسق الالهي

الشتاء

كوخ بلدي

نشوة الصباح

الكون

أمل

بعد التأثير

دي تشعبت أم لا

صوت في الداخل

استمتع بطاقة الشمس

الجمال: الغبطة

إنساني الآن

ينزل إلى الأرض

تلك السنة المسنة

تفرد التعددية

لقد رسمت محيطًا

لقد رسمت محيطًا
لكن نسيت الشاطئ ،
لم تكن هناك سفن ،
عندما ألقيت نظرة فاحصة ،
كان من عزلة الإبحار الخاصة بي
مثل أمواج البحر

لقد بحثت وحدي لعدة قرون
أضف المسافرين في رحلتي ،
ما زلت وحيدًا أقف على هذا السطح المميت

أحتاج جزيرة لأرسيها ،
عندما أتصل بالراديو ،
يصبح مناجاة صامتة إلى الخارج ،
يأتي الرد من
داخل مدوي

مع كل تسونامي من

حضن القلب

أشعر وكأنني conulariid بدون لآلئ ،

على الرغم من أن لدي اتساع

البحر الميت ولكن لا يوجد منزل خفيف

من حماسة الحياة

معرضي

يدق جرس معرفي في الجزء العلوي من جسدي
من اتصال الطلب الهاتفي للأسلاك الحية ،
المودم يعمل فقط
لتقديم الفاكس بشكل متكرر
من مسارات عائلية قاحلة وصلعاء

التثقيب الداخلي لفائف الشحن اليومية ،
يمسك صعودا ، ليس هناك حيوية.
لقد تطفلت القوة الحيوية ،
كيف أستنشق الحياة؟

أيامي وليالي
انسحب داخل خلية دماغية ،
صوتي تراجع ،
إنه يضع خطة لشجار روحي
المقيمين في جمجمتي
وتملي ملاحظات تقلد لهجتي

لم أستطع تفكيك ما أذكره

كما تركني ظلي الكئيب
لا يزال هناك أنا ، وأنا ، ونفسي ،
لماذا عقلي ثقب أسود؟
لا يمكن أن يكون الكون
كوكبة من الصداع النصفي ، أقراص ،
حقنة وآلام في الظهر والأرق؟

أصبح الحلم نمطا ميتا
كما هو مهترئ مثل الوهج الأحفوري ،
كل شيء أصبح متطابقًا إلا
وزن نتيجة ذلك
لديه اختلافات في القدرة على التحمل

وأنا أذهب خلال الهلاك
سيتم تصحيح الخلل لدي ،
علق الفن المتبقي على الحائط
بعد الوقت المحدد سينتهي معرضي

موت النهر

يعرض سلكي العقلي صورًا لطرق مهترئة

بعد حدوث دائرة كهربائية قصيرة

في ممرات الأعباء اليومية

جسدي المريض يرتجف مع ذلك

ثقل الجلد ذو الغرزة الصلبة ،

متعلقا من قوة الحياة

لدي القليل من الطاقة للتنفس ،

الصوت الذي أسمعه ليس صوتي ،

إنها تملي الملاحظات بألوان مألوفة

لكنها مليئة بالعبارات الأجنبية ،

الذي يتنكر كدعوة

أتمنى أن أحل نفسي من

الذاكرة أو الاختباء في كهف جمجمتي ،

ولكن ليس من الحكمة الخنق

ثم جاءت ضحكة غير معلومة ،

ينبثق ربيع في أشعة الشمس

يخرج بحر من موت الأنهار

هناك طريقتان لتعيش حياة ،

أستطيع أن أتابع الأمر الصعب

تجلب لي المزيد من الألم

أريد أن أرى ذلك الأبنوس يغير الأنا
سيأخذني إلى مستقبلي المحكوم عليه بالفشل
لمعرفة ما إذا كان هناك كسر في السحب

لا إنتظار! لقد غيرت رأيي
بعد بعض المداولات ما أمكن
أرني أيضًا التقلبات القادمة
قد لا أكون قادرة على مواجهته

سوف أتصالح مع بلدي
أحلام طوربيد قلب متقطع
ليال غير متكررة ، أيام عصيبة ،
جسد منهك وروح حزينة

الآن أشعر بالخفقان المثقوب
في وسط قلبي متى
الحياة ترفض تعذيبي

رشفة روح

أستطيع أن أرى فقط على الغيوم السوداء
ظل اللانهاية ضلال يتفاقم ،
وهم الوجود ذاته ،
ضلال عدم جدوى البشرية

يضفي وهج الشاشة السماوية
الخرف المستمر
في هذه الحالة من التفوق المجنون
تصبح الأخلاق باطلة
الأشكال المعاكسة تبتلع بعضها البعض

أتنفس الألم ، أتنفس الخوف
أريد أن أحصل على هذا الصمت المظلم
حيث تختفي جميع الأشكال ،
هل يجب أن أعيش لتذوق الذنوب؟

ليس لدي الشجاعة عندما
أعلم أن طعمها مرير
رشفة روح ساقطة لكنها حلوة

النوم للبيع

كل ليلة أتجول في مدينة السرير
لشراء بعض المسرات الهادئة المحلية ،
أسرار شبحية مظلمة للحياة البشرية
تقنعني بالهروب منها
يوم النضال والفتنة

أنا متحمس للذهاب إلى أرض النسيان ،
أنا تعقب تلك المنطقة غير المعروفة ولكن
لا أستطيع أن أجد طريقة تجعلني أشعر بالضجر ،
عندما تحوم الرغبات التي لم تتحقق بشكل متكرر
مستيقظي الواسع الهائل ينسج شبكته ببراعة

النوم فتاة الاحلام عطر برائحة المسك
ألحان كوكو ، صفاء الرومانسية ،
هؤلاء الجمال في فضل أعتز به دائمًا
لكن كل مهمة ليلية ستكون مبهرجة تمامًا
لأن الأرق كان من اهتماماتي

النهار يتعاطف معي ولكن الليالي العذاب

أنا مضطر لبيع نومي المتردد ،

إذا كان أي شخص على استعداد للشراء وعلى استعداد للبكاء

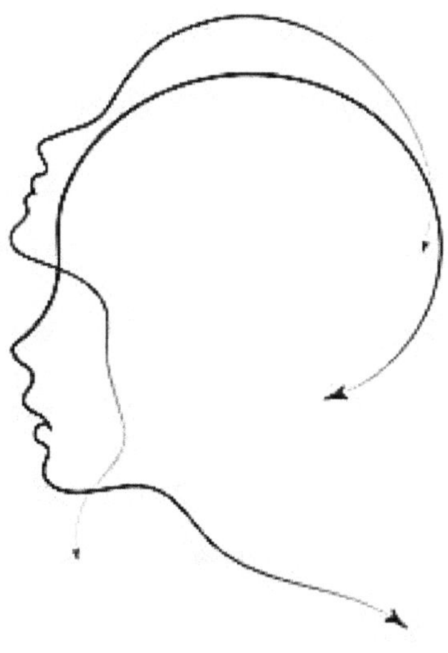

لماذا فشلت في الانتحار؟

كما كنا نلعب لعنة الألسنة كل هذه المدة ،
في الجزء العلوي من جسدي المشتكي لونيًا ،
يرن جرس الصداع النصفي من
اتصال هاتفي عائلي مغلق

قلبي الإذاعي يمسك أحيانًا
الترددات الرقيقة القادمة
من والدتي سبوتنيك ،
خريطة الطريق الشخصية غير متصلة الآن ،
بينما أذهب بمفردي على الطرق البالية
مع الطريق المجتمعي الوحيد
بعد الكثير من الحوادث في
ممرات الأعباء اليومية

تم تعطيل جميع النقاط الميكانيكية ،
فشلت قدرتي على الترانزستور في التبديل الفطري
الإشارات التي كانت لدى شخصيتي الداخلية ،
فشل عقل المقاوم في ذلك
إنهاء خط النقل الخطأ

والدي وزملائي وضعوني

مكثف مجتمعي عطل طريقي ،
لم أستطع تخزين الطاقة الفنية الشخصية بداخلي ،
كشحنة اقتصادية سالبة
وضع حياتي في قطع الاتصال
التثقيب الداخلي للشحن اليومي ،
كسب الخبز كان يلف ، يمسك إلى أعلى ،
ورطت حلمي المتأصل في الفنان
في دائرة مغلقة من العقبات الدنيوية

حقنوا "وهم النفي"
في عروق هويتي المحجوبة ،
على الرغم من أنني لم أشعر مطلقًا "بسيل من المشاعر"
أريد أن أعيش بأكل نفسي الداخلية المشوية

الآن ثقب أسود ، قررت أن أكون واحدًا
مع هذه الكوكبة من الصداع النصفي ، أقراص ،
حقنة وآلام الظهر والأرق
ظهرت حولها وجلبت نهاية العالم

في حياتي قبل تلك الكارثة الحقيقية
كان لتدخل شخص خارجي تأثير

مزروعة على كرسي خشبي قديم ،
النظر إلى مروحة السقف ،
لقد ربطت "ساري" الزوجة الأحمر حولها
رقبتي المنفصلة ،
رأيت انعكاس ابنتي المبتسمة
في الميرة ذات المرايا
انخفضت موجات دماغي ،
سبحت الحياة عبر قلب المحيطات المضطربة و
غريزة الشيطان تغرق في العمق
اتساع ضعف الإنسان
ضد المشاعر الأرضية الساحلية ،
ضربني مد داخلي فاقداً للوعي

أعطاني ذلك تسمية أخرى ،
جبان لا أستطيع حتى أن أصف كيف غاضب
لم أكن من بين الأموات ،
الطاقة التي كانت لدي هي نوع الطاقة

أنا بحاجة للبقاء على قيد الحياة وفهمت ذلك

تتسرب أشعة الشمس عبر السحابة المظلمة ،
يخرج محيط من موت الأنهار ،
هناك طريقتان لعيش الحياة ،
أستطيع أن أتابع الأمر الصعب

كما نقف في الوسط: الحاجة إلى تحقيق التوازن

(ما حصلنا عليه من سنوات الغرور بالذات)

رسالة الى زوجتي الحبيبة

عزيزي

إذا كان بإمكاني إخبارك بأي شيء أو أظهر لك مشاعري القلبية ، فسيكون ذلك بمثابة نقطة تحول رائعة في حياتنا. لكني الآن أقول لكم من خلال وسيلة هي الإعلام.

على الرغم من أننا كنا نعيش معًا كزوجين منذ عام 2003 ، إلا أن زواجنا لم ينجح لأننا لسنا رفقاء روحيين ، حتى أننا في بعض الأحيان نتصرف كأعداء. هل من السهل أن تحب شخصًا لا يحبك مرة أخرى؟ على الرغم من أننا تعهدنا بأننا سنحب بعضنا البعض حقًا. لكنه نوع من "حب الرشوة" الذي لا يمكن تسميته بالحب بل هو اتفاق عمل.

شيء واحد يدهشني أننا ما زلنا معًا. بما أنك لن تستمع ، فقد صورت روحي المتهدمة وهي تعاني في القصائد التي كنت أكتبها طوال السنوات الثلاث الماضية. لقد استخدمت بعض الأسطر لتجعلك تشعر بالعذاب الذي مررت به.

"أريد أن أرى ذلك الأبنوس يغير الأنا

سيأخذني ذلك إلى مستقبلي المحكوم عليه بالفشل

لمعرفة ما إذا كان هناك انقطاع في السحب "

عندما وقعت في حبك ، كنت فظًا وساذجًا وتحمست عندما أظهرت بعض الاهتمام بي. كيف أعرف عندما أبدأ في الإعجاب بشخص ما إذا كانت ستصبح عدوًا مدى الحياة؟ مع الوقت الذي أصبح فيه الوضع على هذا النحو جعلني ضعيفًا عاطفيًا وجسديًا.

عندما يشع شعرك الغراب - بظلال ،

أرتاح في حضنك ، يأتي الليل ، يتلاشى اليوم ، عيناك العسليتان العجيبتان تجعلني أشعر بالراحة ،

سنحب حتى النجوم والسماء والبحار "

هل نحن ضعفاء لدرجة أننا لا نستطيع اتباع مسارات مختلفة أم أننا نفرط في الأمل في تسوية الأمور يومًا ما؟ لأننا نعيش في أ

مجتمع صغير وملتزم بالتقاليد وقد يكون بعض ما يخشاه المجتمع ، فنحن نعاني باستمرار ، لكننا مترددون في التفكك على أمل أن يكون كل شيء على ما يرام يومًا ما.

لكن عدم التطابق هذا يؤثر بشكل خاطئ على طفلينا. لقد تحسن الوضع عني وأنا أعاني من الجحيم كل دقيقة. عندما أشعر بالضيق ، كما يحدث كل يوم ، لا أتفاعل معهم وألعب معهم. لقد تحولت إلى أبا سيئا بالنسبة لهم. في بعض الأحيان ، حتى أصفعهم في أخطاء طفيفة. إنهم يبتعدون عني. لماذا يجب على هذه النفوس المسكينة أن تعاني بسبب عدم ذنبها؟

"هل هناك حياة بعد الموت؟

هل هناك طريق عبر السماء؟

نحن على استعداد للخطاة ،

لكن بشرط العفو "

من خلال هذه الرسالة أريد أن أخبرك أن الحب صبور ، والحب طيب. لا تحسد ، لا تتباهى ، لا تفتخر. إنه يحمي دائمًا ويثق دائمًا ويثابر دائمًا. الحب ليس السعي وراء الذات ، بل هو نقيض السعي وراء الذات. إذا وقعنا في عادة الوحدة ، فإنها ستصبح سمة حياتنا.

"لقد رسمت محيطًا

لكن نسيت الشاطئ

لم تكن هناك سفن

عندما ألقيت نظرة فاحصة ،

كانت العزلة عندي

الإبحار مثل أمواج البحر "

أحد أسباب استيائك هو وظيفتي غير المنتظمة. لقد أثبتت فشلا ذريعا على هذه الجبهة. بصفتي مدرسًا مؤقتًا ، لم أستطع إدارة مسؤولياتي المالية بشكل جيد. الاستثمار الخاطئ والمقامرة الأخرى لم تؤتي ثمارها. لقد جعل الوضع أسوأ.

الآن أنا في الديون. لا بد لي من دفع الفائدة عليهم. لم أستطع النوم ليلا. أنا أعاني من الصداع النصفي الآن.

الجزء الآخر من المشكلة هو أنني أردت دائمًا أن أكون كاتبًا أو رسامًا. لكن لكي تكون كاتبًا ناجحًا ، فأنت بحاجة إلى الوقت والأهم من ذلك المال لتجعل نفسك مشهورًا باستخدام وسائل التواصل الاجتماعي الحديثة وحيل النشر الأخرى وتكوين صداقات في أخوية النشر لأن هذا مجال شخصي.

أريد أن أكسب المال عن طريق الكتابة ، لكن الأمر ليس سهلاً وقد فات الأوان بالنسبة لي. بدأت النشر في عام 1994 ، لكنني أكتب مرة واحدة كل فترة بسبب الحياة المضطربة منذ الطفولة. في بعض الأحيان كانت هناك فجوات لمدة 7 سنوات بين المقالات.

"ليس هناك حيوية

طفيلي القوة الحيوية

كيف أستنشق الحياة؟

أوقف ليالي وأيامي "

أصبح الوضع الآن من النوع الذي أخشى العودة إلى المنزل ، حيث ينتظرني احتفال تذمر خلف الباب الأمامي. لدي أفكار للتحدث عن مشاعري ، لكن في مؤخرة ذهني ، أعلم أنك لن تستمع جيدًا أو لن تفهمها تمامًا.

لذلك كل شيء في الداخل مجرد حفرة مشتعلة ، مما يجعلني أشعر بالاستياء. لديك نبرة صوت ووقفة عدوانية. ليلا ونهارا يهزأون بي بنوع من السخرية أو السخرية. في بعض الأحيان لا نتحدث على الإطلاق. أنا

في مبارزة مستمرة مع نفسي الداخلية ، لكنني ألوم المورد الخارجي على الهزيمة.

"كل ليلة أتجول في مدينة السرير

لشراء بعض المسرات الهادئة المحلية ،

أسرار شبحية مظلمة للإنسان

الحياة تقنعني بالهروب

من يوم الجهاد والفتنة ،

أنا متحمس للذهاب إلى أرض النسيان ،

من تلك المنطقة غير المعروفة "

نظرًا لأنك غير مدرك ، فإن طفولتي التعيسة جعلتني أتفاعل كثيرًا. هل لديك الوقت والقلب لمعرفة خلفيتي؟ سيساعدك هذا الفلاش باك على فهم نقاط ضعفي.

علينا أن نطور آلية لحل هذه المسألة ، وسوف تنقذنا سنوات أخرى من العجز في زواجنا. يمكن لأي شخص أن يحصل على زواج غير ناجح ، ولكن من الضروري وجود مستوى جيد من التكيف لبعض الأسباب الجيدة والسيئة.

"لماذا عقلي ، ثقب أسود؟

كيف لا يكون الكون

كوكبة من الصداع النصفي ، أقراص ،

حقنة وآلام في الظهر والأرق؟

كيف يمكن أن نطلق على أنفسنا اسم زوجين ونحن لا ننام على نفس السرير أو في نفس الغرفة؟ أريد أن أجلس معك ، وألقي بقلبي عليك ، وأمارس الحب معك ، واستمتع بعشاء معك في مطعم ما ، وأذهب في رحلة.

لكن كل هذه الأشياء أصبحت حلما. في الواقع ، عندما أرى أزواجًا آخرين متزوجين سعداء ، في كثير من الأحيان ، أشعر بالعذاب. لم أحضر حفلة أو أزور صديقًا لفترة طويلة. نادرا ما أذهب إلى السوق. أنا لا أختلط. حتى أنني لا أرتدي ملابس مناسبة كما ترى وأخبرتني عدة مرات.

"سلكي العقلي يجعله

صور الطرق البالية ،

بعد حدوث دائرة كهربائية قصيرة

في ممرات الأعباء اليومية ،

جسدي المريض يرتجف مع ذلك

الوزن كما هو مستهلك من قوة الحياة "

عندما يكون الشخص حزينًا ، لا يبدو العالم له شيئًا. لمن يلبس؟ الا تشعر قليلا تجاهي؟ خلال النهار ، أظل مشغولاً بوعي وأنا أحاول الابتعاد عنك.

ولكن هذا أيضًا له تأثير سلبي على عيني وظهري حيث أجلس 10-12 ساعة متواصلة على الكمبيوتر.

على الجانب الآخر ، عندما تكون حراً ، تفكر في التحدث معي أو المناقشة أو الترفيه عن نفسك ، لكننا منفصلون للغاية عن بعضنا البعض بحيث لا يمتلك أحد الشجاعة أو التواضع للتصعيد أولاً.

"سوف أتصالح مع بلدي

أحلام طوربيد ،

قلب متقطع

ليالي غير متكررة ،

أيام شريرة ،

جسد منهك

والروح المروعة "

أريد أن أبدأ من جديد. علينا أن نرفع أنفسنا. علينا أن نترك غرورنا جانبا. في كثير من الأحيان أفكر في بعض التأكيدات البسيطة مثل عندما أعود إلى المنزل ، سأرى أطفالي وزوجتي أو سنقضي وقتًا ممتعًا معًا. لكن هذا لم يحدث. انا بحاجة الى مساعدتكم.

يجب أن نطالب كل صباح بيوم رائع من خلال تقديم الشكر أو الثناء لبعضنا البعض على بعض الأعمال. ستشعر بطاقة تتدفق في داخلك. من الكتابي أن تقول إنه لن ينجح أي سلاح ضدك ، لكن من البشري أن تصدق أن الناس سيخرجون منك.

"عندما يكون الإيمان مشرقًا ، يشكك في بريقه ،

عندما تكبر الحكمة تنكمش الدموع.

كل غصن ينتظر الإزهار ليأتي ،

الأمل يمنحك فرصة الربيع الثاني "

يمكنك تحديد وجهات نظرك ، ولكن يجب أن تكون النبرة متعاونة. لذا اقبل الاختلافات واجعلها فرصًا.

"إن جسد المسيح له أجزاء مختلفة

معا في الوحدة "

الحل البسيط هو النظر في عيني والقول ، "أنت لست عدوي". أنا انطوائي ولكن سأحاول إظهار ذلك بين الحين والآخر. هل بعض الإيماءات واللمسات والهدايا الصغيرة أو قد تكون نزهة أو فيلمًا أو وقتًا للتسوق مفيدًا؟

شجرة في فناء بلدي

شجرة بالغة الأهمية في فناء منزلي
الإرث الوحيد ، تلقيته ، شاعر
أوراق قزحي الألوان مع زهر لذيذ
المكافآت الجميلة ، بعض المتقاعدين جيتسام

أستمع إلى الوخز الغريب
منزل شاذ العصافير ،
قفزة بهيجة كل شروق شمس يهمسني
كما تتدفق الأوراق الجافة مثل شراب حلو
أقف تحتها لتكرار الشخصية
نسيم الصباح يكتسح مثل مشروب ياغونا
سيدتي تضيء مصباح تغذيها ترنيمة
ويلمس الأقدام الوعرة ليأخذ بعض البركة

كلما شعرت بالاكتئاب ، أجده
صوته المريح ولكن في التمثيل الصامت ،
بعد الظهر يتأمل ناسك
أخي الأكبر الحكيم يجب أن أعترف

يلعب كل حدث عشية في الظل
الثمار الحلوة الناضجة ما يمنحونه
سريري المظلم في فناء منزله
أنام مثل جناحه العزيز
لا تزال هناك فجوة واضحة
كما كنت في حضنه الضبابي

المناظر البحرية

حبي حلمي! تعال معي
سنغطي ليا ، وراء البحر ،
بناء قصر بين النجوم
بعيدًا عن الفتنة والحروب الدنيوية

انظر إلى أقواس قزح والأنهار البيضاء
جبال سلطي ، ورود حمراء ، وعصافير بنية ،
الديدان الوهج الساطع ، النسور الذهبية ، النحل الأسود
عباد الشمس الأصفر ، الببغاء القرمزي ، الأشجار الخضراء

زخات غارقة في الصباح ، والليالي تتوهج بالندى
بعد الظهر للجرعة ، ثم تظهر فوط المساء ،
شتاء مع شمس دافئة ، ليالي باردة مقمرة
أنا معجب بنعمتك ، لمستك تهدم خوفي

عندما يشع شعرك الغراب - ظلال
أرتاح في حضنك ، يأتي الليل ويختفي النهار ،
عيناك العجيبتان عسليتان تجعلني أشعر بالراحة
سنحب حتى تكون هناك نجوم وسماء وبحار

تمشي في القافية

عندما رأيتك عيني النسر المتلهفة
لقد وجدت عبودية في العروق ،
توقف في قلب المخاض يضخ الأحمر ،
مثل يوم من الشمس الذهبية في صيف مشرق ،
تأتي كنسيم الصباح المنعش ،
حديقة حية إلى الأبد في ازدهار

نصف خجول من مجدك
أعدل من اللطيف ، لمعان لا يتلاشى أبدًا ،
جوانبها أفضل من الظلام والنور
شفتيها حمراء مرجانية ،
الخدين ورود حمراء وبيضاء ،
وادي في الصدور عميق وشديد الانحدار
ابتسامة تفوز بألف عالم

سحرها الذي يرضي ولكن
قد تضيع شبابك في التنهدات
شعرها متجدد الهواء يتأرجح بخط العنكبوت الفضي ،

يتلاشى الصوت الخفيف مثل نغمات الأوبرا القديمة ،
عطر روحها تشعر به في نشاطك ،
وهي تمشي في قافية على مسار شعر فارغ
تتحرك آلاف النعمة المجهولة

عندما ترقص بأوراق الخريف
بعض الهمسات الناعمة تهتز بأرواحنا ،
إنها تهز الأرض تحتها والسماء من فوق
لأنها إله ، تجسد ،
لا أستطيع أن أرى إلا من خلال عينيَّ المقربة

خيال فلاش

منعت الفتاة غير المطلعة
طريقي في ذلك اليوم
كما قفز غزال المسك
خرج قمر من سحابة مظلمة

وجه نصف مغطى بخصلات شعر الغراب
تحول ليلا في النهار ،
كان أسلوبها ونعمتها سماوية
حثت اقتراحي الفوري ،
عابست واختفت
مثل فقاعة في الماء
هذا الاجتماع الخاطف
حكاية عن الحياة
لا أستطيع أن أسير في دربها
في هذا البحر الدنيوي ،
ولكن من شأنه أن يلهم الشاعر
كونه زميل فكري من الآن فصاعدا

ذاكرة قوس قزح

عندما تهب هديتي الجوفاء
الجمر المحتضر في القلب صر
تضيء جمرة طفولية مولعة ،
الذاكرة السوداء المجمدة تذوب الألوان الماضية ،
بريق من ذكريات قوس قزح ،
بينما كنت أسير على رصيفنا الداس
رأيت شقًا في البحر بين المنازل

فستانك الأحمر مثل قارب أحمر مشرق
تغرق في الرمال الذهبية ،
أصطاد شباك الصيد الزرقاء ،
قم بطلاء جدران الحصن ذات اللون البني
على شاطئ الحزاز الأخضر ،
روحي تتحدث ، شفتي تتحرك
تواتر لقاءات ، موجة من العناق
وأنا صافي لالتقاط هذه اللحظات
مثل القبضة الصفراء لقنفذ الشارع
يمسك قوس قزح في قبضته الصغيرة

أمي

منذ أن تركتني في رحلة طويلة ،
الآن كل يوم تبدأ ساعتي بصفر
لكن لا يوجد صفر في الساعات الأخرى ،
لا اعرف اين تعيش امي
الليلة السابقة شعرت بشرتي بالنعومة
قبلت بشفتيها المبللتين

كانت والدتي تتمنى أن تراني متفائلاً ،
ترد عن قاصرها الأخير
حالات الطوارئ حول رفاهيتها ،
حول كيف لعبت مع أشقائي ،
هي تحتاجني للعودة إلى الحياة
أتساءل لماذا يحتاج البشر فقط إلى ذلك
معرفة كيفية التحرك مع العقل؟
هل هذا هو سبب تذمرنا المنطقي؟
كان من السهل عدم الذهاب إلى هناك ،
أعلم أنني يجب أن أقابلها ولكن
أعبائي الماضية تمنعني
لمقابلتها في أرض الميعاد

والدي

أبي لم يفعل أشياء أنثوية قط
مثل أخذ أطفاله في حضنه و
المحبة أو اللعب معهم ،
نعم ، لقد فعل أشياء ذكورية من كسر
بعض المرايا تضرب الأبواب أو
رأسه بالحائط
يصفع أولاده ويؤذيه
الجميع عندما حاصره العجز
في شبكة الفقر والتوتر
ورغبات لم تتحقق

علمنا الأرثوذكسية والدينية فيه
معظم الخرافات التي جعلته حكيمًا
مجردة من الحياة الاجتماعية وأنا تقريبا ملحدا ،
علمنا القيم الحميدة بدون
السماح لنا في غرفته ،
رأيناه يكتب قصائد
لكننا لم نكن جزءًا من عالمه ،

قد يكون العالم مألوفًا لأعماله
لكننا لم نقرأ كتبه على أنها
لقد طورنا مناعة ضده

كمدرس ، قام بتغيير العديد من المدارس
وكشخص أمين ،
نادرا ما حضر أي
التجمعات أو المناسبات الاجتماعية ،

لم يخبرنا بتاريخنا أو جغرافيتنا ،
غافل عن الأشقاء ،
محبوسين في دائرة عائلية مغلقة
جاهل بمجتمعنا ،
نحن نعيش على حدود دائرتنا الاجتماعية الآن

أتمنى أن أكون مع والدي ، أتحدث ، تعلم
وأخدمه ولكني ما زلت أفتقد إلى الرابطة
لم أره منذ فترة طويلة و
لا تشعر أبدًا بالحاجة أو الألم

هو يحسب وقته ،

إرثه بعض الكتب المنشورة

والمخطوطات غير المنشورة

ترقد في متجر الميرة ،

الفجوة الطويلة بيننا تمنعني

لاتخاذ تلك الخطوات القليلة ،

تبدو رحلة طويلة

التربية والحظ يشكلان حياتنا ،

كان والدي طفل من سوء حظه و

أنا ابن أبي

أختى

من تلك السنوات البريئة عندما
شاركنا حياتنا معًا ،
بقيت مرتبطا بك بشدة
أكثر مما فعلت لأمنا

عندما كان علينا أن نفترق ،
ذهبت إلى منزلك ،
ما زلت معك مثل المهر ،
قضيت أيام شبابي
كما كان حبي الأخوي
خدمتك في الشمس أو المطر

أنت دائما تفكر بي أولا ،
لقد دعمتني ،
عرفتني في أعماق ،
ولكن لا يزال هناك الكثير من الأشياء ، أخفي ،

جاء وقت عندما ضرب الرعد

اتخذنا طرقنا الفردية ،
ولكن فقط إذا أخبرتني بخطئي
كان من الممكن أن يكون فصل أفضل

عندما فشلت في مقابلتي في "يوم راكشا" ،
لقد أثبت أن رباطنا كان حلوًا جدًا
تستمر في المدى الطويل ،
أتساءل ربما كان حبنا فقاعة أو
استغرقت اللحظة أفضل منا

ما زلت تعرف ما أريده ،
كل سوء الفهم والمعارك السخيفة
الذي جعلنا حزينين ، هو جزء من النمو ،
لقد علمتني الكثير من دروس الحياة ،
الخير والشر ومعنى الجهاد
كنت جاهلاً بالطرق الدنيوية ،
هنا روح فقيرة شيء يجب تجاهله ،
كنت تتضاءل بين العلاقات المختلفة
خسر عمالة حبي في ساحة المعركة المالية

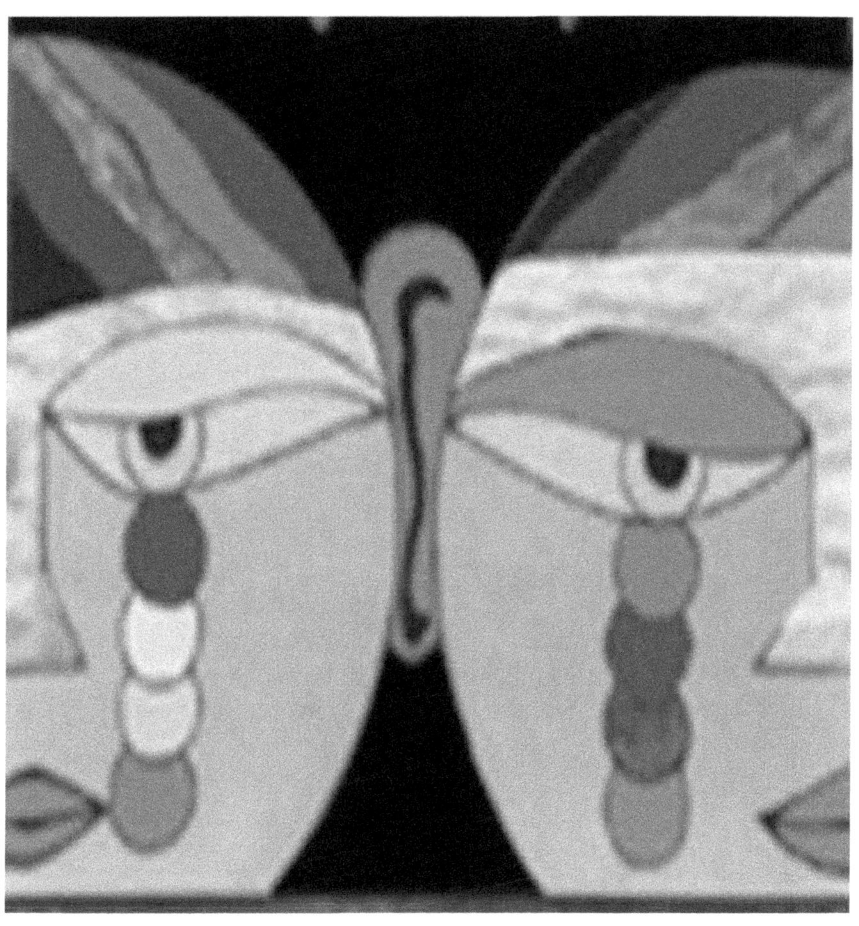

زيارة للمستشفى

المستشفيات هي إيديوغرام للحقيقة
حيث ليس للموت صبغة كاذبة للحياة-
ألم pukka ، ألم وردي ولكن أمل ملطخ

قد ترى مجرة Hoag
داخل مجرة داخل مجرة
مريض واحد ، مثل طائر الفينيق ،
يكتسب حياة جديدة من خلال الخروج من الرماد
لكن يموت الآخر في عرض
داء الاحتراق واللهب

الجدران البيضاء مهجورة
ابنته البترولية والعطرية ،
كما نعتمد رائحة جديدة
دواء ، شراب ، ديتول أو مطهر
مع بعض العظام واللحوم عديمة الرائحة

قوم جراحي ، أخضر مبهج ،

مع الخوف والأمل
في شكل حلم يضيف القليل
جرعة الحب لكل وصفة طبية

سيئة ، شاحب حقيقي أزرق
لا يمكنك إلا أن تكون شجاعًا لرؤيته
هؤلاء المرضى بالصبر
من مدرسة سبارتان
كما أن الرجل أكبر من آلامه ،
سيكون فيلسوفًا عظيمًا ،
بمجرد خروجك من المستشفى

يأتي روحي للقائهم ممسكًا بيده ،
تشعر وكأن مفاتيح منزلك في متناول اليد ،
لكن هنا لا يوجد قلب يمر بالحب ،
عندما تعانقهم تصنع أضلاعهم
غرفة لبطنك السمين ،
كما تشعر بشلال تيتانيك
قلوبهم تغرق ببطء

تجنب أي مرآة أو انعكاس ذاتي ،
لن ترى الأشياء التي عادة ما تكون
انظر لكن روحك المطهرة ستخرج
من نسيج الجسم مثل ضوء الشمس
يخرج من النافذة ذات القضبان ،

من الصعب أن توازن بين تافه نفسك كعبء داخلي
سيكون أكثر من وزن الجسم
دعونا نمدح هذه الأسرة المريضة ،
دعونا نمدح المشجعين الذين لا يتكيفون
امدح خدمة الغرف غير الموجودة
دعونا نثني على طاقم المستشفى
هم ملائكة بلا أجنحة

تغطي تحت قناع الفرح المزيف
يجدون رئتين منتهية الصلاحية وقلوبًا متعبة
يرقدون في طريقهم كل يوم
يلعبون البوكر في حياتهم
في هذه اللعبة مع الفيروسات والأمراض ،
رعاية الموت للأطراف السلبية الأخرى أيضًا

كورونا - فورونا - طرق

تجويف الإنسانية في حركة الإكليل
أنا مثل فأر البحر أعود إلى حفرة مخبئي ،
إنذار كل صباح ، في السرير لتجاهله
ما يبدو أن الدقائق هي ساعات في الأسبوع
وأسابيع في السبات
هل أنا دب وحيد قليلا؟

الحنين إلى الوطن في بيتي
وضع في سجن منزلي غير Covid-19
إنه شعور مهرج زاحف يطاردني أو يطاردني
أنا محاصر من قبل الزومبي ،
اعمل من البيت الاخضر فى العالم المنطقة الحمراء

قم بتسجيل الدخول للتواصل الاجتماعي ، قم بتشغيل الصوت عن بعد
تكرر روبوتات جسدي الأكل والنوم والأكل
هل الفطور لا يزال فطورًا إذا تناولته في الثانية عشر؟
هل العشاء لا يزال عشاءًا إذا كان لدي ملفات تعريف الارتباط للشاي؟

أغمض عيناي ، أركز على الأفق
وكأن التركيز سينقلني إلى هناك ،
هل رأيت للتو فراشة أرض في تلك الزهرة؟
عندما تحلق كوكابوراس فوق الشوارع الخالية ،
هل يعرفون ما يحدث لنا؟
هل ألاحظ أكثر مما كنت أفعله من قبل؟
عندما تشعر الرئتان بالنقاء ، أصبحت الطيور الآن طائرات ،
نحن مكان الخروج من المنزل
الحديقة والعودة مرة أخرى ،
لقد جعلنا جميعًا نسّاكًا
السماء زرقاء الآن أم أنها أنا فقط؟
الآن أنا أفهم الأقل يعني المزيد

يلهث بلا هوادة من حركة المرور والناس
هو الآن التنفس الواعي للماراثون ،
نتسوق لتعقب صحة الآخرين ،
معقم في الجيوب بأقنعة للوجه
العطس وسيلة لجذب الانتباه ،
محاربو كورونا على خط المواجهة ،
لكن بعض الناس ما زالوا يشتمون ويبكون

هذا الشيء غير خيالي - الصحة مقابل الاقتصاد
حتى الخيال قاتم ، لكن لا تزال هناك موسيقى
كوفيد-19 هو متحدٍ برأس هيدرايد
لطريقتنا الحديثة في الاستيقاظ
شراء تلك رخيصة من العمالة الرخيصة

أتساءل لماذا أشعر بالذنب
عندما أرى الآخرين يعانون بينما أنا لست كذلك ،
أنا الآن أعتاد على البيجامة الخاصة بي

مدينتي

تتمتع مدينتي بوجه سرق
مراكز التسوق- ناطحات السحاب تربط أطرافها الحيوية ،
أيام تخرج القوة الشاقة
كما الليالي التي تتسلق بشدة محفوفة بالمخاطر

الأبواق ، وصفارات الإنذار ، والموسيقى ، والتلوث ، والطنين والصمت
قرع مليون طبلة لتأليف أصوات غبية ،
تنمو رؤوس البرجين في كل مكان فارغ
لتأخذ زمرة الإنسانية جولاتها اليومية

هؤلاء البرغر لا يتوقفون أبدًا بل يتلصصون في الصدارة
من عشرة إلى خمسة ، ثقافة عمل رصينة متواصلة ،
هناك ضوء حولها ، لكن المشهد يبدو باهتًا
الهدف التنقيب عن الحياة يصبح خطيرًا على الطبيعة

مشاية ضاحكة ضعيفة أو تجول مسائي دهني
النائمون المتأخرون ميكانيكيًا أو الناهضون المتأخرون العاجزون
كنبة وسجاد وتلفزيون وجوال ومكيفات

كلها متاحف من الجرانيت ولكن لا يوجد نعاس

الطرق السريعة هي طريق ركوب الموت
أسعى جاهدا من أجل لي سلمي
هل دمرتني المدينة بأي شكل من الأشكال؟
لا ، لقد شوهت رجلاً أفضل مني

أقف وحدي وسط مليون حشد
سكت الله عندما كنت أتألم
أنا لست مستعدا للموت تجاهلا
سأبني مدينة جديدة قبل أن أتنفس أخيرًا

حياة المدينة

المسرات المشرقة ولكن الحياة مملة

صخب - صخب وفوضى وفتنة

طريقة لتزدهر ، حياة ميكانيكية

أكثر اصطناعية وأقل طبيعة

مجتمع واحد ، مزيج الثقافة

الخرسانة الساخنة ولكن الصلب البارد

الكثير من التعاطف ، ولكن القليل سوف يشعر

يضحك الكثير ولكن البعض يبتسم

ديسكو وحانة وفندق ونادي

المرح والمرح ، المدينة هي المحور

الكثير من الأشواك ، القليل من الورود

أصدقاء مزيفون لكن أعداء حقيقيين

فرحتك وويلك

عائلات صغيرة لكن قلوب صغيرة

جدران كبيرة ولكن بوابات صغيرة

معظمها غير معروف ، وبعضها مألوف

المستقبل غير مؤكد ، الحاضر واضح

كلها بعيدة ، القليل منها قريب
المدينة لها آفاق مختلفة
الكثير من الخيال ، القليل من الحقائق
الطريق طويل ، القليل للحصول عليه
قليلون هم الذين سيتصرفون لكن الكثير منهم سيتفاعل
البعض يعطي ولكن الكثير سيأخذ
لا بنس واحد على حافة السكين
حظ في جانبك ، حياة فخمة

قلة هم حكماء ، ومعظمهم أذكياء
كلهم ناضجون ، وقليل منهم أبرياء
سباق للجري ، لا تغلب عليه
عندما تركب ، لا تنظر جانبا
رحلة طويلة ولكن الفجوة واسعة

أنا ، بالنسبة لي ، هو المفهوم الوحيد
الكثير من الحركة ، والعاطفة صفر
الكثير من الألم ، لكن القليل منها هو جرعة
صوفا الجبل ، والسجاد هو البحر
هذه هي المدينة التي صنعت لي

قصائد صغيرة

1

الأم المرضعة

ليس وقح ،

ليس وقح ،

هي مخزية في حنانها

2

فن "خاجوراهو" ليس فاحشا ،

هذا مشهد جميل

في ملاحظته

3

الرجل المعاصر ليس عاريا ،

هو عارية

ولكن في مزاجه

4

الرجل ليس حيوانا

انه انسان

ولكن في أدائه المادي

عندما تشتري حزنـهم

رياح جليدية مليئة بدخان المدخنة
يشير إلى حرق كتلة عيد الميلاد ،
عندما تتلألأ الأضواء الملونة في كل مكان ،
يغني الرهبان المقدسون موضوع المرح

الزنابق المقدسة والعاج الزخرفي تملأ المنازل
من مدينة إلى بلدة يتجول صدى صوتنا المبهج ،
جثم مثل طائر حول الأشجار ليغني
الاستماع إلى الجوقة ، اجراس حلوة اجراس

قابل الأحباء الذين فاتتهم يوميًا
عانق الأعداء ، ولا تدعهم يفلتون بسهولة ،
الأغنياء والفقراء على نفس الطاولة
قم بالعمل ولكن اجعله أسطورة

دع الرعاية تذهب إلى مكان خفي
دع الحب يأخذ مساحته المناسبة ،
اشرب واغرق قلقك

لا أحد يبدو وحيدًا أو في عجلة من أمره

بمجرد أن تحصل على علامة المسيح في قلبك
الشعور بنعمته يجعلك جيلبرت ،
إن الله يحب الجميع في شكلهم الحقيقي
تجنب العادات السيئة في سحره
حان الوقت لأتمنى للجميع غدًا مزدهرًا
إنه عيد ميلاد سعيد
عندما تشتري حزنهم

رمز الذروة!

ما وراء الرجل
كل المخلوقات تبتلع بعضها البعض
بسبب ضعفهم العقلي
لكن الإنسان اليوم يأكل الإنسان ،
هل هو إفلاس حكمته
أو رمز الذروة!

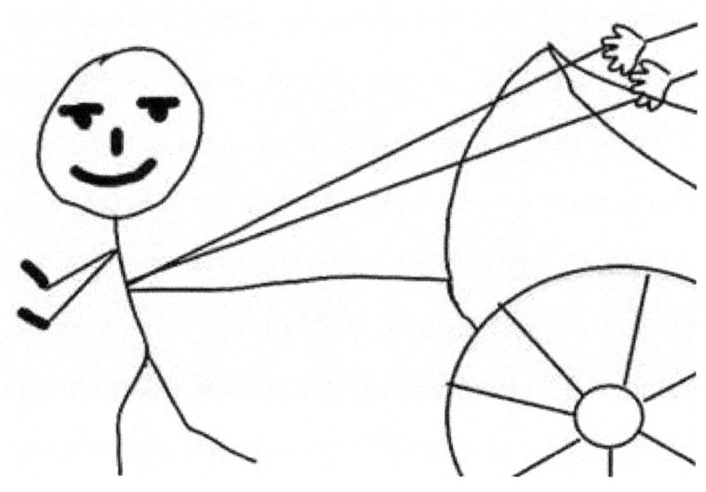

نحن العالم الثالث

دول العالم الأولى المشهود لها بنفسها
وصفتنا بالعالم الثالث في
ما يسمى بالمؤشرات الاجتماعية والاقتصادية و
مؤشرات "الحداثة هي التطور الحقيقي" الأخرى ،
لأننا لا ننظم حفلات العشاء
لكن تحلم بيوم يتغذى جيدًا

أطفالنا يدرسون على أرضية مدرسة حكومية قديمة ،
تعرف على العالم الآخر من خلال المساحات الخضراء
وشخصيات معلقة على جدرانها الباهتة ،
الراغبين في الجري على العشب المخملي
بدلا من قطف الخرقة كل صباح ،
عندما يترك الأطفال الألعاب القديمة ،
لقد تخلت عنا

هنا ينضج مراهق في سن المراهقة
ويتعرف على مخطط مستقبلي مظلم
هيكل في نمط النقاط الحالية من الأعباء اليومية ،

في التكرار المأساوي لأغنية الوطن ،
يحلم بريادة أعمال شابة
لكن موت النمل الأبيض أجوف جذور مساعيه

أنت تقول لرجالنا "احتفظوا بها في سروالك!"
والنساء ، "اقفل ركبتيك!"
ولكن هنا الجنس هو التسلية الوحيدة ،
لثلاث دقائق من الراحة نحن جاهزون
أن يتوبوا ويعيشوا حياة الفساد والفسق ،
على الرغم من أن بعض النفوس الخاضعة للضريبة أزياء لإدارة الأعمال الخيرية ،
الفقراء يرتدون ملابس ممزقة ،
ارتدائهم الأغنياء لتبدو مختلفة ،
هناك اتفاق بين الشخص
الجلوس في السيارة والفقراء يستجدون بعض المساعدة

حياة منقوصة القيمة مليئة بظلال العبيد
حيث يعيش الفقر بدون إخلاء ،
عالقون في شبكة عناكب المساعدات الخارجية ،
نحن ندعم هذه النتوء الكبير

وإطعام الطبقة البرجوازية بالقوة ،
دعاية لدينا أصبحت عادلة
لنرى وتنهد وأبكي

معصوب العينين بسبب الحرب الأهلية ،
مصدر الحياة السياسية والموت ،
نفشل في فهم نوع ساحة المعركة
نحن في وأسلحتنا للتعامل معها ،
دائما يصرخون من أجل حرية التعبير ،
لم أحاول معرفة الفرق
بين بشرتنا وشفاهنا

بلد منقسم يتنهد ويصرخ من أجل تخفيف أعباء الديون ،
غسل دماغ من قبل مناهضة الدعاية ،
كقادة يصبحون مليونيرات كل ثانية
والناس أكثر فقرا كل دقيقة ،
الأرض مليئة باللبن والعسل ،
لا يزال يصرخ "لا مال"

وسائل الإعلام على غرار الذات مع الأخلاق الزائفة ،

تهدف إلى العلاقات العامة ومقابلة الجدل
فكرة تافهة مرارًا وتكرارًا لجعلها فلسفة ،
صوتهم ينشر سمًا نقيًا في لباس لطيف ،
باسم الأقلية ،
كل خبر يحمل طابع ديني ،
يسلطون الضوء على اللاأخلاقي كوجه للأمة ،
التقليل من النوايا الحسنة

الجنس والعنف شكل جديد من أشكال الترفيه ،
هنا كبار المحامين والشركات تأثير علني
في العواصم التجريبية المجنونة
لكسب أرباح ضخمة ،
هل هذا ظلم مع الفقر و
تعاني من عدم وجود مؤشر واضح على الأفكار الخاطئة
التي تتجادل حول العالم الثالث في هذا المنعطف.؟

هذا العمر - الهواء

كائن جديد ؟
أي عرض نكران الذات؟ بعض التفاني؟
رقم! لا.

الآن التقييمات الاجتماعية متنوعة
يقفون في صميم الثروة ،
لذلك فقط كسب المال ،
في جميع الأنحاء

أوه! هذا هو العمر - عادل
"بيني تشاسر" لا تخشى شيئاً

مسلسلات طويلة

حياتنا هي أوبرا برعاية الرب
نحن نطلق النار يوميًا على الإعلانات الدنيوية ،
ميلودراما يومية يكون فيها الفرد
الحلقة لها تناوب على خط القصة ،
قد تنتهي الحلقة ، لكن القصة لا تنتهي أبدًا ،
هناك فرصة ، فرص ضائعة ،
التحويل المفاجئ ، عمليات الإنقاذ في اللحظة الأخيرة ،
نحن نتدرب على الجزء المخصص لنا ولكن شخصًا ما
دائما هناك ليحل محله

كل تتابع له قصة جديدة
بعضها لديه قطع أراضي سهلة وبعضها معقدة ،
أدوارنا ليست اختياراتنا ،
قد تكون مأساوية أو هزلية ولكن
الحقيقة - المسرحية سترفه عن الناس
في بعض الأحيان نقوم بنفس الدور
ليتم تصنيفك على أنه مهرج أو شرير ،

كما قمت بتصوير الدور المأساوي ،

لا أحد على استعداد لتقديم أي دور آخر ،

الآن ليس من المهم إذا كنت مسرورًا أم لا

يجب أن أتخذ وجهة نظر المخرج

وأكمل الجزء الخاص بي

أن تكون حديثًا

وهم العصر الجديد

أن تكون حديثًا

ماذا نحصل؟

ركض في دائرة

ماذا تبقى؟

روح معذبة

وجسم أجوف

لا جسر لأخذه

للأمام أو للخلف

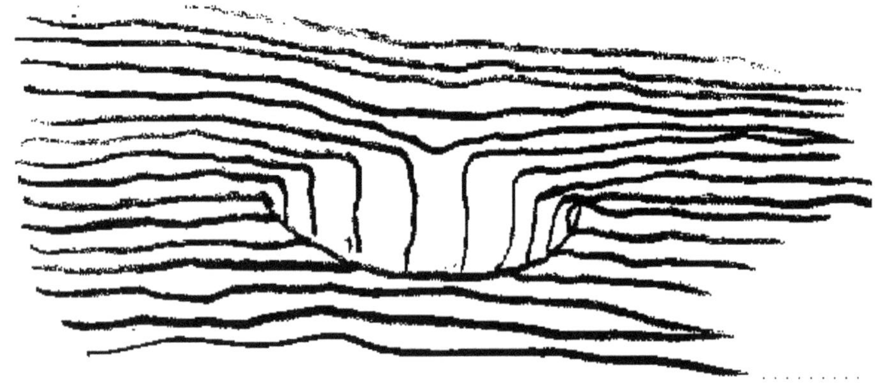

الحقيقة

لماذا صدمنا بالمساحة التي ندين بها
وينقل معها إحباط محدد؟
ما هو القليل الذي نحتاج إلى إحضاره؟
النشوة الرئيسية الموجودة
هي البهجة التي حملناها معنا
لا أتساءل أي رفيق واحد معنا

يحتاج في الخارج إلى إشادة ثابتة ،
الأعمدة المتضخمة ، التي كانت ذات يوم افتتانًا أساسيًا ،
يبدو مناسبا لشخص آخر غيري
لا يزال ملكي الآن وأعتقد أنه سيكون معروفًا
من الفن نعلق

قد يكون هذا هو السبب أينما كنا
اذهب هذه الأيام الغرور قد أذاقنا مثل حيوان أليف ،
عندما نؤمن بالحكايات من
لا يمكن أن يكون رفقاء العالم أبدًا رفقاءنا

أشعر أنه مع منزل بهذه الطريقة ،
يجب أن أقيم اجتماعًا كبيرًا
من شأنه أن يرضي مع نقاط الضعف
من الليل ومحاولة الاستقرار ببساطة
مثل الجميع حتى في مساحته الخاصة ،
زائر غاضب

الكتب

الكتب في مزاج شتوي لا يهدأ ،
تبدو أصواتهم عاجلة ،
ما يهمس الكتب ،
نفضل عدم ذكره في الأوساط الاجتماعية ،
ومع ذلك فهم يعرفون المزيد وكانوا أين
لا يمكننا أن نرتدي الملابس التي نرتديها

هم غير مستقرون ، نحن بلا حراك ،
أصواتهم غريبة على آذاننا ،
يحتقروننا ، سوف ينفضوننا ،
أصوات كثيرة جدًا ، وفقد الكثير من المحادثات

عندما أفتح صفحة ، أسقط في صقيعها
العمق ليغرق مثل الحجر ،
أتحدث في الكليشيهات ،
إنهم يحومون في الوقت المناسب مثل البشائر السيئة و
أجنحة رفرف بينما صفحاتها المحمومة تغيم السماء

هم الظلمة في عظامنا

الذي يستمر في التألق مثل النيران الميتة ،

يا له من صراع يتحملونه ليلا ونهارا!

تبقى بعض الكتب غير المفتوحة للعيان ،

تم حرق بعض كتب الماضي

أو ربما يعيش طويلا لم تتحول الصفحة

ليموت غير مقروء من الشيخوخة الناضجة أو

من قبل الجيل القادم المكتسبة ،

التهمت ديدان الكتب الصفراء في حالة من الغضب!

هناك شيء مشترك - كتب أم رجال ،

لكن القليل منها يمكن أن ،

كل كتاب له عقيدة مشرقة

نفشل في القراءة والاعتقاد

حصى

الوقت ينعم صلابة قوس قزح من شجرة البازلت ،
يشب قرمزي ، جرانيت فضي و
الفلسبار الباهت بمساعدة الرطوبة
ولكن صبور صائغ المد والجزر

مولود في البركان ، مقلع الزلازل ،
متصدع بالحرارة ، منحوتة بالرياح ،
تتراكم أشكال الموت بين الصخور
ينجرف الضوء كعظم مكسور

عندما يكشف المد
يومض بين القذائف المحطمة ،
منزعج من النوارس ، ابيض بالملح والشمس
الأواني الفخارية المكسورة للكائنات الحية

مسح نسر من المرتفعات ،
غير متعاطف مع الأعباء
لقد حملت هنا ،

لن يعانقني البحر

لذلك أجلس ، أجوف مثل الأخشاب الطافية ،

مختلطة كالحصى

يا نجوم!

عندما حملق في الشاشة
من البرية السوداء هناك ،
يا نجوم! أشعر بنشوة ملتهبة
في أطرافي الحيوية

عيون الملائكة إيلان ،
استثمرت بألف براعة ،
إظهار التألق الصافي الخاص بك إلى
العالم الجاهل

النجم المغناطيسي المجاور للقمر
توجه بحار للخروج ،
قلبي يستجيب لك
الخفقان مع الحياة
ويشعل روحي القارية
مع شرارة خالدة

أول موسم

الغيوم الحامل المهاجرة في هذا الوقت المرتفع
تستعد لإيصال الاستحمام الجوي ،
أوعية مائية ضخمة ، مثل طفل متطور
ثقيل جدًا بحيث لا يمكن حمله في رحم الغلاف الجوي

مع إعلان انتهاء البرق
ضخامة إمدادات سوائل الحياة ،
عيون الفلاحين المرهقة تنتظر
أقاربهم الظلام الحميم

نحل العسل ، العصافير المتواضعة في التعريشات
يأتي ! نرحب بموكب الفرح السنوي
واكتساب هذا الكنز من الأشياء الرطبة ،
طرف فضي يعمق كل مساعد متاح ،
تنبع الحياة النقية من الغصن النبيل ،
تيار أبيض معمر في غارة

نباتات اليشم المصقول ، الرصيف المغسول مبلل

كل شيء مروض الآن ، البرية أصبحت متواضعة ،
رائحة الرمل العطرة مغرية للتذوق ،
أريد أن أكون حفلة مبللة ، بعض التذكارات لأحتفظ بها

اللآلئ المائية تحمر وجهها في أشعة الشمس المتأخرة ،
مخلوقات ذات ريش على التوالي ،
يتأرجح الهلال قوس قزح،
صدق القلب يستنشق العبادة العطرية ،
تزين الأرض بألوان زاهية كعروس هندية
في أول موسم رياح موسمي لها ، يقود الفخر

لغسق الالهي

الشمس الباهتة المسنة تنظر إلى الوراء
من خلال فتحات الفجوة الجبلية الدافئة
تجاه إرثه الذي يمتلكه
وتمتع به في زمن ولايته

تلك الدنيوية
يستعدون لغد جديد ،
الطيور ، الوطن ، على التوالي
مثل القوس موجه نحو سماء الشفق

قطعان الإنخفاض البطيء تقيس الممرات المتعبة
بينما يشق الرعاة طريقهم المرهق ،
غيوم الغبار تحجب الهواء
في هذا الوقت أبو الهول الحبر
عقد بصيص من مصابيح عشية
تنصب الأشجار شخصيات شبحية ،
نظرة! الزهرة المبكرة المبكرة
مع توأمه ، نصف هلال ،

صورة حساسة مع خلفية النجوم

عندما تلمس الشمس منزله الغربي ،
يتفاعل الحكيم على أثاب صخري مستدير ،
خافت أجراس الكنيسة في البث الروحي
تجسيد حيازة الصناعة المميتة ،
هذا هو وقت الغسق الإلهي ،
تذكيرًا بما لا مفر منه لك ،
انسان ضعيف!

الشتاء

في ثنى ثلجي غير مصبوغ سحب الشتاء
العالم ينتظر قبلة اليوم الدافئة ،
عبر وادي وحيد طويل
الارتفاع يهب العاصفة الجليدية
للتعبير عن فرحتهم في العزلة العميقة والخطيرة

فوق المرتفعات العارية ، شعاع الشمس تقي
يلعب عندما يمتد الغرب عديم القلب انفجاره
لكن الشمال العاصف يغني الصقيع ،
كل الحقول ملزمة تحتها
تكامل مقرمش من الثلج ،
يذبل الكل في صمت لفضح الأرض
وإظهار حياة الهيكل العظمي المعرضة لها

أمشي لتحطم تحت قدمي
لرؤية الظلام الراقص باللون الأزرق الزاهي ،
في نشوة تشرب الأرض
ضوء الشمس الفضي الفاتر ،

الوحش أو الطائر في راحتهم السرية ،
هذه الأشجار بلا أوراق تشبه قدري ،
مثل روبن وحيد مع صدره المحترق
يجلس في حلاوة الشمس الخفية

كيف انتشرت راية الياقوت من الخشخاش
حيث سقطت الزنابق نائمة ولكن
قلوب الوردة لا تزال تنبض ،
عندما تكون النسغ الطازج للأرض
براعة زهور الكتان ،
تجمعت رقاقات الثلج في الفناء
للتغلب على لوحة النافذة الضعيفة

عندما أخطو إلى غرفة دافئة ،
أتساءل كيف مثلي
كان الحزن عتبة البالية؟
الظلال مشوهة ويرتجف عليها
السقف المضاء الخافت ،
مجموعات عديمة اللون من النجوم الباهتة
حلى العروس ،

ينزلق القمر السائل المتساهل

من خلال الفرع الأسود العاري

اجتاحت مسودة ركن الغرفة المنصة الليلية

الكفاف الصليبي للشغف المجنح

أخذ رحلة سريعة سريعة ،

أقسم بالوفاء بكل وعد جميل

تحت غطاء من الفرو الدافئ من البذور ،

الله يرحم كل هؤلاء المشردين

كوخ بلدي

كوخ بلدي ، جاذبية شاعرية وميض
شمس الصباح تحت سماء سماوية شبه سائلة ،
مع همسة من أرصفة الأفعى الطويلة ،
يلائمني العشب الأخضر الداكن الحريري عندما
لقد جئت من الطحن اليومي

أشعر بدفع الأقدام الطائرة ،
حريصة على الوصول إلى موطن السيرافي ،
كلما شعرت بالاكتئاب ، هناك دائمًا
جدرانه الملهمة التي يمكن الوصول إليها ،
السقف درع ضد القوى المزاجية
جميع الغرف هي مقاييس الترفيه ،
نوافذ مؤكسجة تبث المنظر الخارجي

يرتاح في ظلال المساء عندما
عصفور صغير على العتبة ،
في عطلة نهاية الأسبوع ، أغرق في سبات حالمة
غافل عن عالم التجربة الإنسانية
مستلق على وسادة عميقة

نشوة الصباح

ليلة مترددة ، يتراجع ببطء
الأرض الرمادية ، بعض الظلال الخافتة لا تزال تحوم ،
ينطلق داون على مهل لإيقاظ كل المزرعة
شمس نائمة ، ضوء سائل ، تجعل الرمال دافئة ،

حورية الصباح ترتفع من المحيط
من اللآلئ يرتدون عباءة الضباب السحري
وكأن الريح تدور
استعار سوارها اللامع من أشعة الشمس
بسرعة تصل إلى قمة التل يتأرجح مجدها

عطرها يوقظ سبات البشر
الطيور الصرخة لكنها تكسر الأسيتال الصمت ،
أنا حريص على النهوض مبكرا من النحلة ،
ربما تشعر بالقوة الإلهية إذا كانت كذلك ،

كل بيت يشعل حرائقه الضرورية
تحسس البخور الصباح ، والاستماع إلى القيثارات التي تبدو بعيدة ،

تشعر الروح بالانتعاش والتجدد
شفاء النور الزفير ، إلهي متجسد

استيقظت عناقيد الورود والزنبق
الريح تختبئ في الأشجار ، تجعلها تهتز ،
خادمة خجولة تتقدم مع إبريق لملء النهر
الفلاحون والرعاة في طريقهم كما كان دائما ،
يجب على جميع المخلوقات أن تعمل الدورات الشاقة بجد
لأن المسار غير المكسور ، والمشرق هو المكافأة

أمل

عندما يزيل الليل نـهاراً
كما تلطخ سحابة شريرة شمسها ،
تتلاشى كل السندات الضعيفة
لجعل كل تجمع خراب ،
يجلس اليأس مثل البومة القاتمة
عندما يصبح القدر اعداءنا
منعت بشدة فخ الجسم
الروح ذات الرأس المنحني والعيون المنخفضة ،
إذا لم يكن هناك من يخدع قطرةك العاطفية ،
قل يو-هوو على أمل بايبر

يمكن أخذ كل الكنوز بعيدًا
ولكن لا يمكنك أن تسلب الأمل ،
مائة أكوان لها تأثير
لكن قلبك فقط يجعل منظاره

الأمل يجلس مثل الطائرة الورقية
تغني فقط عندما تبكي ،

إذا كان هناك ندرة في الضوء
منجم ذهبها المحفور في حديقتك ،
بعد ليلة سوداء حزينة
اليوم فواصل صافية عجيبة مشرقة
لا تحلق عالياً ، السماء طويلة
والغيوم العاصفة قريبة
يضغطون عليك للخلف لسقوط عظيم ،
تذكر ، عندما يسقط الأمل لا يسمع أحد
الخراب ممتلئ الجسم في الداخل للتوضيح

إذا نفد الأمل ، يمكنك الاقتراض
إنه صديق خجول قاسي في خوفه ،
تنبيء حزنك ، وتؤدي غدا جديدا
كل غصن ينتظر الإزهار
الأمل يمنحك فرصة الربيع الثاني

بعد التأثير

لماذا هو ضروري؟
صف من الأضواء عندما كان من المفترض أن ننام
تخيلات النيون الملونة عندما نحلم ،
المسكرات تحاول إبطاء تنفسنا
عندما يجب أن نلهث مع المخاض

لماذا توجد شخصيتان؟
عندما يكون لدينا ظلالنا ،
نعم ، يسمونه تقدمًا أو ربما يكون
إنه اسم آخر لتدمير الذات

نحن نعلق أنفسنا عمدا بين
البحار والسماء
عندما تكون الأرض تحت أقدامنا ،
نزرع ثمار نقيض
على الأشجار الكاذبة من الأطروحة
بينما هناك أرض غنية من التوليف

ونحن نقف وسط الحشد لنشعر به
سهولة المساحة الفارغة ،
ربما يمكننا سماع همسات
النجوم والكواكب مع
فقط بعد الأذن الميتة للصوت البشري
كل يسافر في هذه الحياة التقية غير المستقرة
مع حزمة الكذب ، كل وجه مليء
تجاعيد الموت الخاصة به بعيدة
نحسب المليار للتكريس
الساعة في رقم واحد فقط
كما تسعى ضمائرنا لتكون حقيقة ،
هل من المعقول الفراغ حين
نتوق لشرب السراب النقي؟

كل قلب مغموس بحبر الهند الداكن
ممرضات السماء على الحليب الأسود ،
ترتعد الأرض بحركتها ،
كما تفعل الفرصة والجمال والشباب
عبء الخوف وأمل العمل واللعب

الشاعر هو أيضا جزء من هذه المعضلة
إذا أصبحت القصيدة لغزا ،
إذا كانت القصيدة لا تقدم حلاً ،
لا تقرأها أو تنظر إليها بطريقة أخرى
سوف تؤثر عليك مثل تأثير ما بعد
دواء موصوف خطأ

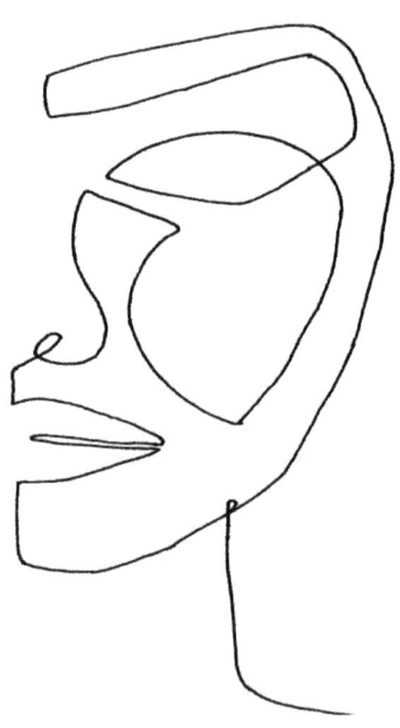

تشعبت أم لا؟

يقولون الذهاب بعيدا ولكن
بداية الخلق سواء كان ذلك ضجة كبيرة
أو فاكهة الحديقة ، عندما هم
ناضجة أو جاهزة ، فهي غير متفرعة

لكني أفضل اتحادًا بسيطًا ،
ليس منفصلا
لأن الانهيارات الجليدية تنتظر
أولئك الذين يبتعدون بعيدًا وواسعًا ،
ثم نصف العمر يمسح
النصف الآخر للتنظيف

أثناء الانطلاق هو جزء من العملية ،
لماذا هذا التقسيم أو التناقص؟
جزء واحد منفصل ، جزء واحد متحد
كيف يتحول التشتت إلى جاذبية حلوة!

إنه اتصال لاسلكي

مع علاقة على مستويات مختلفة ،

نحب أكثر أو ننسى تمامًا

تحدد المسافة الارتباطات ،

سنلتقي ولكن المصيبة تكفي

ملجأ في ذلك الوقت ،

إنها ليست مسألة ربح أو خسارة

كفرح يوقد حزن الفراق

صوت في الداخل

بما أن الشر ولى الأخلاق ،
كليل على خط النهار ،
قد تكون الغيوم مظلمة ثقيلة
لكن فقط هم من يمكنهم جلب المطر

عندما يكون الإيمان مشرقًا ، يشكك في بريقه ،
عندما تكبر الحكمة تنكمش الدموع
هل هناك حياة بعد الموت؟
هل هناك طريق عبر السماء؟

نحن على استعداد للخطاة ولكن بالعفو ،
عندما يغلق الطريق بالنسبة لك ،
الآخر دائمًا موجود مسبقًا
عندما تسمع صوتًا في الداخل ،
طهارة الروح ، الإيمان بنفسك

استمتع بطاقة الشمس

في عوالم الماضي المظلمة
هل الحاضر يلقي ضوءا؟
عندما تقرق الحقائق الحادة المؤلمة
هل يريحنا الماضي؟
التفكير في الغد
يحرمك من الأصيل ،
أفراح صغيرة غير مرئية من الحياة الحالية المجهدة

تطوير البصيرة ،
استمتع بكل العناصر
أثناء وجودهم ،
اشعر بطاقة الشمس أثناء وجودها هناك
لأن الليل ليس ببعيد ،
بحثا عن زهور جديدة ،
لا تبتعدوا عن جذورك ،
لا تندب على الماضي ولا تكافح من أجله
المستقبل لأن اليوم هو اليوم

الجمال: الغبطة

الجمال نعمة ، نشوة
عندما تكشف الحياة عن وجهها المقدس
بعض الهمسات الناعمة تتكلم بأرواحنا ،
الخلود يحدق في نفسه في المرآة ،
يضيء بصبغات نقية بدرجات متفاوتة
مع طلوع الفجر من المشرق.
قفل الملائكة في الرحلة إلى الأبد

الجمال المبتهج ينحدر من المركز
ومن الكرة الضالة ، يتوهج الرحيق الباهت ،
سحرها يغري الحضن ،
يأتي! شاهد قبة البساتين المنعشة ،
كما ينبوعها يروي عطش العبودية السحرية

إنساني الآن

عندما أتنفس أخيرًا ،
لا تبكي على قبري او
نقش حجر لأني لن أكون هناك

الموت عبد للحظ ،
لا شيء يمكن أن تفعله ،
سوف أغير شكلي ،
رمادي سيكون واحد مع
قشرة الأرض
سأدور مع
مسار نهاري ويكون على قيد الحياة
مرة أخرى إلى الأبد ، أصبحت أبدية

بالنسبة لي ، الحياة تعني كل شيء
هذا يعني أكثر مما لو كان يعني أي شيء ،
يمكنك أن تنساني الآن

ينزل إلى الأرض

الموت غير مصحوب بالقدم أو الشكل ،

من الصعب تتبع البصمة العارية

تميز صورتها في مرآة الحيوية ،

وروحها تنفث نفسا في جسد الحياة

الموت باطن الجسد السلاش ،

محاكمة جبل على المحرقة الجنائزية

اشعر بحرق نسيج الجسم

أنت لا تنزل إلى

الأرض ولكن ترتفع نحو السماء الأبدية ،

ودخول المهد البكر

مع غروب الشمس ، يشرق القمر

تلك السنة الجميلة للمسنين

تلك السنة العجوز الجامحة
ملقى على فراش الموت ،
زميل طريقنا السابق
متصل على استعداد لشوق الجميع

كانت أيامه لامعة في يوم من الأيام
مساء ، شقراء وردية ،
عندما كان أمله عاليا
لقد نسج ليالي بصرية خيالية
كيف أغدق يده الليبرالية
كل الكنوز التي في حوزته؟

أجد آثاره الصغيرة في أبولو
أو تلاشي ضوء القمر ،
كما لدي كل الثناء ، أقل اللوم
أشكر الله على ماضي كل لحظة
أحبك من أجل وخزك في الوقت المناسب ،
إنه خياري كله إذا كنت فاشلاً

الآن يمكنني أن أتجنب جشعي وفتنتي
كما علمتني نومًا هنيئًا ،
للاستيقاظ في صباح العام الجديد
سليم في الحكم خالي من الهدر

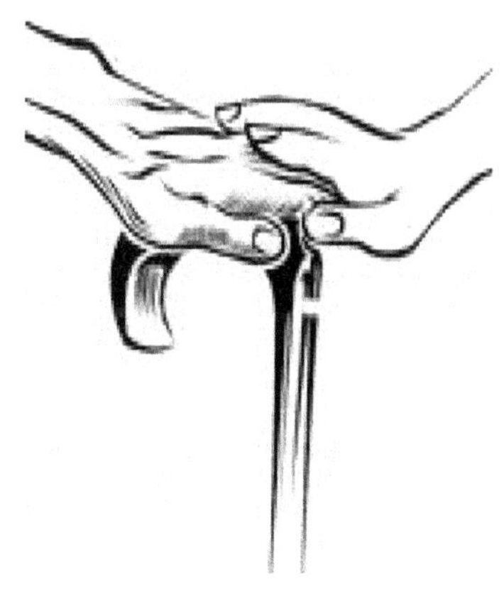

تفرد التعددية

كما تومض العيون لمواجهة الشمس
ترتجف الحياة من قلة الهواء ،
الولادة لا تقابل الموت
كروح حرة لكنها مقيدة بالعضلات ،
قوة واحدة توجه الأخرى ،
قوتان تعملان معًا
لكنهم لا يحتاجون إلى وجودهم في مكان ما

الوحدانية تبطل حياتنا
كشيء نفعله ، نجا في النهاية ،
لا تقدم ولا عيوب ، لا شيء يبدأ ولا ينتهي ،
العالم ليس هكذا ، العالم مليء بالمضيق الأعمى ،
لم ينته أبدا ، أبدا نفس الشيء مرتين
ضاع كما نملك ، ليتم استرداده دائمًا

الكمال ثمرة ساقطة
بين هذا المعنى و الموضوع ،
رغبتنا في الحصول على تلك الدولة العليا

تلصق كل فتحة بواسطة خدر مثالي باللون الأبيض-
رفض عالمي للسماح بالتقسيم أو التشتيت

إذا كان الإنسان صورة الله ، فإن الله يتفكك
الإنسان إنسان لأنه كان ذات يوم وحشًا ،
الرجل مجنون بالاستياء ، إنه محطم
بآمال جيدة أو أحلام سيئة على العالم ،
بل يدرك بهجة الأشياء و
قوة تجاوز و
فوق حدود الوقت

شكرًا**

www.ingramcontent.com/pod-product-compliance
Ingram Content Group UK Ltd.
Pitfield, Milton Keynes, MK11 3LW, UK
UKHW021920190726
13853UKWH00002B/768